道路旅客运输安全知识手册

交通运输部
公安部 编
国家安全生产监督管理总局

人民交通出版社股份有限公司
China Communications Press Co.,Ltd.

内 容 提 要

《道路旅客运输安全知识手册》针对道路客运关键环节,剖析典型道路客运安全事故案例,揭示事故原因,总结事故教训,普及安全行车知识、操作规范和相关法律法规知识,供客运驾驶员学习参考。

图书在版编目 (CIP) 数据

道路旅客运输安全知识手册 / 交通运输部,公安部,国家安全生产监督管理总局编 . -- 北京:人民交通出版社股份有限公司,2016.6
ISBN 978-7-114-13113-4

Ⅰ.①道… Ⅱ.①交…②国… Ⅲ.①公路运输—旅客运输—交通运输安全—手册 Ⅳ.① U492.8-62

中国版本图书馆 CIP 数据核字(2016)第 129637 号

Daolu Lüke Yunshu Anquan Zhishi Shouce

书　　名:	道路旅客运输安全知识手册
著 作 者:	交通运输部
	公安部
	国家安全生产监督管理总局
责任编辑:	林宇峰
出版发行:	人民交通出版社股份有限公司
地　　址:	(100011)北京市朝阳区安定门外外馆斜街3号
网　　址:	http://www.ccpress.com.cn
销售电话:	(010)59757973
总 经 销:	人民交通出版社股份有限公司发行部
经　　销:	各地新华书店
印　　刷:	中国电影出版社印刷厂
开　　本:	880×1230　1/32
印　　张:	1.5
字　　数:	28千
版　　次:	2016年6月　第1版
印　　次:	2016年8月　第4次印刷
书　　号:	ISBN 978-7-114-13113-4
定　　价:	10.00元

(有印刷、装订质量问题的图书由本公司负责调换)

致 读 者

亲爱的驾驶员朋友，道路运输是国民经济的基础性行业，你们长期奋战在运输事业的第一线，为保障国民经济发展和人民群众安全便捷出行，付出了艰苦的努力，做出了巨大的贡献。

作为职业驾驶员，你们在服务经济社会发展的同时，还肩负着保障人民生命财产安全，促进道路交通安全持续好转的社会责任。大家一以贯之的遵纪守法，持之以恒的文明驾驶，会对全社会驾驶员起到良好的示范引领作用，从而从根本上改善和提高整个社会的道路交通安全水平。

安全是道路运输永恒的主题。安全就是生命，事关千家万户，手握方向盘，安全记心间。大家驾车时对平安的守护，不仅是对自己和他人生命的守护，也是对亲人、朋友和所有交通参与者平安幸福的守护。一次几秒钟的耐心等待、一次大度的礼让，折射出来的是包容的传统美德，赢得的是他人的尊重与谢意，收获的是平安和幸福。

《道路旅客运输安全知识手册》针对道路客运关键环节，剖析典型道路客运安全事故案例，揭示事故原因，总结事故教训，普及安全行车知识、操作规范和相关法律法规知识。希望大家能用心学好本书,将这些用鲜血凝结的经验牢记于心,增强驾驶安全意识,提升事故预防能力。守护平安,呵护幸福。

祝您一路平安!

二〇一六年六月

交通运输部　　　公安部　　　安监总局

CONTENTS 目录

一、典型事故案例分析 ······ 01

（一）事故案例一：超速行驶危害大········· 02

（二）事故案例二：疲劳驾驶事故多········· 06

（三）事故案例三：违法超车酿事故········· 10

（四）事故案例四：处置不当惹祸端········· 13

（五）事故案例五：车辆带病隐患多········· 17

二、驾驶员安全操作规范 ······ 21

（一）客车安全例行检查················ 22

（二）防范旅客携带违禁物品············· 23

（三）出车前安全告知·················· 24

（四）出车前安全承诺·················· 25

（五）遵守"三不进站、六不出站"········· 26

（六）客车出站检查···················· 27

（七）客运反恐防范···················· 28

三、道路运输法律法规 ·············· 30

- （一）道路运输动态监控管理规定·············· 31
- （二）防止疲劳驾驶相关规定·············· 33
- （三）长途客运接驳运输相关规定·············· 34
- （四）违法行为刑事处罚相关规定·············· 36
- （五）违法经营行为处罚相关规定·············· 39
- （六）重大交通违法行为记分相关规定········· 40

典型事故案例分析

十次肇事九次快,疲劳酒驾事故来;
违法超车危害大,处置不当惹祸端;
车辆带病埋隐患,恶劣条件增风险;
经验教训要牢记,谨慎驾驶保平安。

（一）事故案例一：超速行驶危害大
——云南保山市隆阳区"3·18"重大道路交通事故

■ 事故经过

2013年3月18日，驾驶员高某驾驶一辆大客车，从德宏州瑞丽市开往楚雄州南华县。16点18分左右，大客车行驶到隆阳区境内杭瑞高速公路2689公里加200米弯坡路段时，因车辆速度过快（限速60公里/小时，实际车速83公里/小时），加上雨后道路湿滑，车辆失控并与道路中央水泥隔离墩发生剐擦后，向右急转撞断道路

一、典型事故案例分析

右侧防护栏，坠落 95 米深的山崖，造成 15 人死亡，14 人受伤。

■ 事故主要原因

大客车驾驶员超速行驶是导致事故发生的主要原因。事故路段大型车辆限速 60 公里/小时，但高某驾驶大客车以 83 公里/小时高速行驶，加上雨后道路湿滑，结果导致车辆失控，最终撞断路侧波形防护栏后坠落山崖。

> **相关法律规定**
>
> 《道路交通安全法》第四十二条规定，机动车上道路行驶，不得超过限速标志标明的最高时速。在没有限速标志的路段，应当保持安全车速。
>
> 夜间行驶或者在容易发生危险的路段行驶，以及遇有沙尘、冰雹、雨、雪、雾、结冰等气象条件时，应当降低行驶速度。

■ 事故法律责任

大客车驾驶员高某对这起重大道路交通事故的发生负直接责任，涉嫌交通肇事罪，由于高某已在事故中死亡，免于追究其刑事责任。

肇事大客车所属客运公司的董事长、总经理、副总经理、车队队长、安全技术科科长等 6 名责任人分别受到免职、罚款、行政警告等处分。

肇事大客车所属客运公司被罚款 100 万元，并实施警示管理。

■ 超速行驶的危害

车速越高，车辆行驶稳定性越差，车辆制动距离越长，驾驶员判断处置能力下降，从而影响行车安全。

车辆行驶稳定性变差。车速越高，轮胎与路面之间的摩擦力越小，当行驶在湿滑路面、转弯路段时，车辆非常容易引发侧滑、失稳、失控的危险。

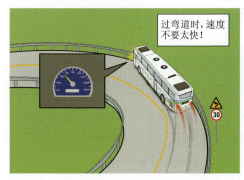

车辆制动距离变长。车速越高，车辆的动能越大，车辆越容易"刹不住"。

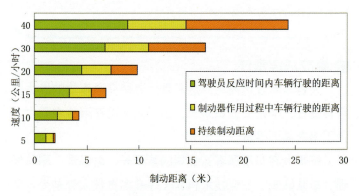

车速与制动距离对应关系

一、典型事故案例分析

驾驶员判断处置能力下降。车速越高，每一瞬间驾驶员接收到的交通信息越多，反应变得越迟缓，有效处理信息能力下降，错误操作增多，更不容易控制好车辆。

■ 超速行驶的预防

预防超速行驶，一是驾驶员要深刻认识到超速的危害，树立守法意识，在任何情况下都要遵守道路限速规定。

二是驾驶员在出车前要做好行车计划，规划好行车路线和行车时间，不要因为赶时间而超速行驶。

三是在行车中，驾驶员要保持平和的心态，不急不躁，注意观察车速表和限速标志，以防超速。尤其是在雨、雪、雾天气条件下，路面湿滑、结冰，通过交叉路口、学校、医院、村庄等特殊交通环境下，更应该谨慎驾驶，主动降低车速，保持足够的安全距离。

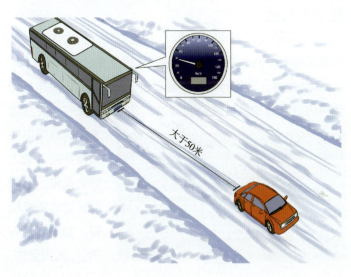

（二）事故案例二：疲劳驾驶事故多
——连霍高速甘肃瓜州段"8·26"重大道路交通事故

■ **事故经过**

2014年8月25日，驾驶员马某驾驶一辆大客车，从新疆乌鲁木齐市米东区车站开往宁夏固原县。8月26日12点14分左右，车辆行驶到连霍高速公路甘肃省酒泉市瓜州县境内时，驾驶员过度疲劳驾驶，导致车辆失控，突然向左冲破道路中央隔离护栏，驶入对向车道，与对向行驶的货车相撞，造成15人死亡，35人受伤。

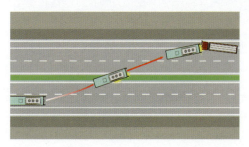

一、典型事故案例分析

■ 事故主要原因

大客车驾驶员马某疲劳驾驶是导致事故发生的主要原因。据事后调查，马某从8月16日至26日驾驶客车往返新疆与宁夏5趟，行程达2万多公里，长期高强度驾驶大客车，睡眠严重不足，过度疲劳驾驶，导致车辆失控引发事故。

相关法律规定

《道路交通安全法》第二十二条第二款规定，饮酒、服用国家管制的精神药品或者麻醉药品，或者患有妨碍安全驾驶机动车的疾病，或者过度疲劳影响安全驾驶的，不得驾驶机动车。

《国务院关于加强道路交通安全工作的意见》规定，客运驾驶员24小时累计驾驶时间不超过8小时，日间连续驾驶不超过4小时，夜间连续驾驶不超过2小时，每次停车休息不少于20分钟。

■ 事故法律责任

大客车驾驶员马某对这起重大道路交通事故的发生负全部责任，涉嫌交通肇事罪，由于马某已在事故中死亡，免于追究其刑事责任。

肇事大客车实际经营人负直接管理责任，被移交司法机关处理，追究刑事责任。

肇事大客车所属客运公司被罚款50万元，董事长、总经理、副总经理、安全技术部经理4位管理人员分别受到相应的经济处罚。

■ 疲劳驾驶的危害

驾驶疲劳时，驾驶员的感知能力和操作能力下降，影响行车安全。

感知能力下降。驾驶员疲劳后，容易发困、恍惚、注意力分散，对速度和距离判断不准确，对常见的安全风险"视而不见"。

操作能力下降。驾驶员疲劳后，反应迟钝，动作变慢，动作的连贯性变差，车速不稳定，不能很好地控制方向，很难及时地刹车。

■ 疲劳驾驶预防

预防疲劳驾驶，一是驾驶员感到疲劳时，尽快停车休息。驾驶员每天要保证足够的睡眠时间，保持精力充沛。

二是行车中，驾驶员自觉遵守驾驶时间和休息时间的规定，按时停车休息，不要超时驾驶车辆，不要赶时间。

一、典型事故案例分析

　　三是驾驶员生病或身体状态不好时，尽量不要开车；如需要行车，更应该增加休息时间和次数。如果服用了抑制中枢神经的药物、精神药品或者麻醉药品，坚决不能驾驶车辆。

（三）事故案例三：违法超车酿事故

——四川泸州市古蔺县"2·1"重大道路交通事故

■ 事故经过

2013年2月1日，驾驶员王某驾驶一辆大客车，从古蔺县城开往古蔺县水口镇庙林村。16点58分左右，大客车行驶到省道S309线古蔺县石宝镇境内，在长上坡、连续弯道路段强行超越一辆同向行驶的重型货车时，发现对向来车，

向右猛打方向，与对向行驶的小客车发生剐擦后，冲出公路右侧土坎，翻坠于山崖下，造成11人死亡，18人受伤。

一、典型事故案例分析

■ 事故主要原因

大客车驾驶员王某强行超车是导致事故发生的主要原因。王某在长上坡、连续转弯路段强行超越前方重型货车，发现对向来车时，躲避不及，发生剐擦后猛打方向，导致大客车坠落山崖。

> **相关法律规定**
>
> 《道路交通安全法》第四十三条第四款规定，有行经铁路道口、交叉路口、窄桥、弯道、陡坡、隧道、人行横道、市区交通流量大的路段等没有超车条件的情形，不得超车。

■ 事故法律责任

大客车驾驶员王某对这起重大道路交通事故的发生负直接责任，涉嫌犯罪，移交司法机关依法处理。

肇事大客车所属客运公司副经理和2名安全科工作人员分别对该事故的发生负主要管理责任和直接管理责任，涉嫌犯罪，移交司法机关依法处理。

肇事大客车所属客运公司安全科科长负管理责任，受经济处罚；肇事大客车所属客运公司经理负重要领导责任，受经济处罚和党纪严重警告处分。

肇事大客车所属客运公司被罚款100万元。

■ 强行超车的危害

强行超车，驾驶员视线受阻形成盲区、占道行驶易

与对向来车发生碰撞，引发事故。

形成盲区。受地形、地貌、道路线形等的影响，超车时驾驶员的视线会受到阻碍，特别是在弯道处，容易形成视野盲区，不能及时发现弯道后的交通状况，遇到危险情况易造成措手不及。

占道行驶。对于同向单车道道路，超车需要占用对向车道加速行驶，遇到对向来车或超车距离不够时，易发生刮擦、碰撞事故。

■ 超车事故的预防

预防超车事故，一是控制好超车距离和车速，杜绝弯道、交叉路口等危险路段超车。

二是要选择道路宽直、路面平坦、两侧无障碍、视线良好的路段从左侧超车。

三是超车前，提前开启左转向灯，仔细观察交通状况，判断超车距离和时机，确认安全后，加速平稳超越。超越前方车辆后，及时返回原车道。

一、典型事故案例分析

（四）事故案例四：处置不当惹祸端
——天津滨保高速"10·7"特大道路交通事故

■ 事故经过

2011年10月7日，驾驶员云某驾驶一辆大客车，沿天津滨保高速公路由保定开往唐山。15点46分左右，大客车以115.6公里/小时的速度行驶到天津市武清区境内时，与同方向超车的小轿车发生剐蹭后，驾驶员

紧急向右打方向，结果车辆偏离车道并冲向道路右侧波形钢护栏，在接近右侧钢护栏时云某又急向左打方向，致使大客车向右倾覆，钢护栏插入车体内，靠压在护栏上滑行62米，护栏对车辆形成切割，导致车辆解体，造成35人死亡、19人受伤。

■ 事故主要原因

大客车驾驶员云某在紧急情况下，处置方式不正确是导致事故发生的主要原因。云某驾驶大客车在滨保高速公路上以115.6公里/小时的速度行驶，在与同方向超车的小轿车发生剐蹭后，未及时采取制动减速措施，而是先向右急打方向后又向左急打方向，处置不当，导致大客车侧翻。另外，乘客没有系好安全带，进一步加重了事故的伤亡程度。

相关法律规定

《道路交通安全法》第二十二条第一款规定，机动车驾驶员应当遵守道路交通安全法律、法规的规定，按照操作规范安全驾驶、文明驾驶。

《道路交通安全法》第五十一条规定，机动车行驶时，驾驶人、乘坐人员应当按规定使用安全带，摩托车驾驶人及乘坐人员应当按规定戴安全头盔。

一、典型事故案例分析

■ 事故法律责任

大客车驾驶员云某对这起重大道路交通事故的发生负主要责任,涉嫌交通肇事罪,被移交司法机关依法处理。

肇事大客车所属客运公司董事长、党委书记、2名经理、2名副经理、保卫科科长等33名责任人分别受到警告、撤职、降级、记过等党政纪处分和行政处罚。

■ 急转向操作的危害

大客车重心较高,急转向时,客车瞬间的离心力非常大,无论是在干燥路面还是湿滑路面,容易发生侧滑或侧翻。车速越高、转向越急,发生侧滑或侧翻的危险也越大。尤其是在转向时制动,更容易发生侧滑或侧翻。

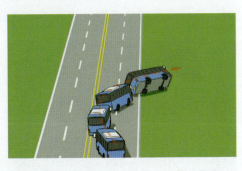

■ 紧急避险处置方法

紧急避险处置,主要是遵循"立即减速、避重就轻"的处置原则。遇前方有突发状况时,首先要采取制动减

速措施，握稳方向盘，控制好行驶方向，切莫急打方向。尤其在高速行驶状态下，更不要先打方向，或者在制动的同时急打方向。其次要尽量避免损失更重或危害更大的情形，宁可财产遭受损失，也要确保人员的生命安全。

安全带的作用

安全带是一种简单实用的安全保护装置，可以把乘客固定在座椅上，在发生车辆侧翻、碰撞时，可以避免乘客在车内发生二次碰撞或被甩出车外，避免和减轻伤害。研究表明，乘客正确系好安全带，在发生正面碰撞时，死亡率可减少57%；在发生侧面碰撞时，死亡率可减少44%；在发生翻车或坠车时，死亡率可减少80%。所以，驾驶员要经常检查安全带的技术状况，发现问题及时维护、修理和更换，确保安全带能正常使用。发车前和驶入高速公路时，要提醒乘客系好安全带。

（五）事故案例五：车辆带病隐患多
——贵州遵义市道真县"2·18"重大道路交通事故

■ 事故经过

2012年2月18日，驾驶员冯某驾驶左前轮存在隐性故障的客车，从道真县大磏镇街开往石仁村。12点10分左右，客车行驶到省道207线8公里加400米弯坡路段时，左前轮轮辋槽底存在的陈旧性裂口割破轮胎内胎，致使轮胎快速泄气，车辆重心向左发生偏移，转向失控，

坠入路侧5.9米深的石头沟中，造成13人死亡，22人受伤。

■ 事故主要原因

客车左前轮存在严重隐患是导致事故发生的主要原因。客车左前轮轮辋槽底存在陈旧性裂口，在行驶过程中，陈旧性裂口割破内胎，导致客车左前轮胎快速泄气，车辆重心偏移后失控，以致事故发生。

相关法律规定

《道路交通安全法》第二十一条规定，驾驶人驾驶机动车上道路行驶前，应当对机动车的安全技术性能进行认真检查；不得驾驶安全设施不全或者机件不符合技术标准等具有安全隐患的机动车。

《道路运输条例》第三十一条规定，客运经营者、货运经营者应当加强对车辆的维护和检测，确保车辆符合国家规定的技术标准；不得使用报废的、擅自改装的和其他不符合国家规定的车辆从事道路运输经营。

■ 事故法律责任

客车驾驶员冯某对这起重大道路交通事故的发生负直接责任，涉嫌交通肇事罪，由于其在事故中死亡，免于追究刑事责任。

肇事客车所属客运公司法人代表、董事长、总经理、经理等5名责任人分别给予罚款、撤职处理和党纪处分。

一、典型事故案例分析

肇事客车所属客运公司被罚款110万元,并进行彻底整顿。

■ 车辆带病上路的危害

保持车辆技术状况良好,是预防道路交通事故的重要措施。轮胎、转向、制动等安全部件失效,往往会导致重大道路交通事故。

轮胎故障。轮胎存在异常磨损、裂纹、割痕、鼓包、夹杂异物等现象,易引发爆胎、漏气,导致车辆转向困难、跑偏、失控,发生事故。

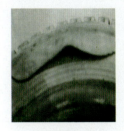  

轮胎裂纹　　　　　　轮胎异常磨损　　　　　　轮胎鼓包

转向系统故障。转向系统转向助力泵失效、车轮定位不准、横直拉杆有裂纹,易引发转向沉重、车轮跑偏、转向失效,造成车辆失控。

制动系统故障。制动系统气压不足、制动轮毂异常磨损,易导致车辆制动跑偏、制动失效,刹不住车。

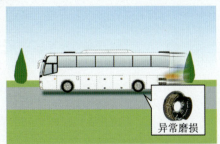

异常磨损

其他安全部件故障。汽车电气线路老化、龟裂、短路，输油管路泄漏，易导致车辆自燃。

■ 预防车辆带病上路

预防车辆带病上路，主要是做好车辆的日常检查和维护。驾驶员在每日出车前、行车中和收车后都要对车辆主要安全部件进行检查，确保车辆各部件技术性能良好。发现故障，及时送修。按要求定期进行车辆的维护保养，确保车辆技术状况良好。

驾驶员安全操作规范

旅客运输环节多,规范操作是根本;
车辆例检须合格,危险物品禁上车;
安全告知要做好,守法行车安全保;
进出车站守规矩,配合检查隐患除。

（一）客车安全例行检查

客车报班前，要严格执行客车安全例行检查制度，提前做好客车安全例行检查。

客运班线单程营运里程小于800公里的客运班车和往返营运时间不超过24小时的客运班车，实行每日检查一次；客运班线单程营运里程在800公里（含）以上的客运班车和往返营运时间在24小时（含）以上的客运班车，实行每个单程检查一次。

客运班车经安全例行检验合格后，由例检人员签发《安全例检合格通知单》，作为客车报班发车的依据。《安全例检合格通知单》自签发时起，24小时内报班有效。《安全例检合格通知单》超过时限的客运班车，须重新进行安全例检，合格后，才允许报班。

安全例检不合格的客车，应进行修理，维修合格后，再进行复检。客车未经安全例检或安全例检不合格，不得营运。

二、驾驶员安全操作规范

（二）防范旅客携带违禁物品

未配备安全检测设施的客运站或临时停靠站点，旅客上车时，驾驶员要注意旅客是否在行李中夹带危险物品或者国家规定的违禁物品上车。

危险品类别	图片	代表性物质	危害性
易燃、易爆品		汽油、煤油、柴油、乙醇炸药、雷管、烟花爆竹、指甲油、啫喱水、摩丝、发胶、染发剂、喷雾剂、卫生杀虫剂	受热、撞击、遇湿等外界作用，能发生剧烈的化学反应、瞬时发生爆炸或燃烧
剧毒品		农药、二甲苯	吸入或皮肤接触后可能造成严重受伤，健康损害甚至死亡
腐蚀性品		硫酸、硝酸、盐酸	接触时会造成严重受伤
放射性物质		夜光粉、发光剂、放射性同位素	轻者会造成细胞损伤、头晕、疲乏、脱发等；重者会引起白血病、癌变甚至死亡，或引起基因突变和染色体畸变
刀具、枪械		自制枪、制式枪、仿真枪、子弹、管制刀具、匕首、弹簧刀	制造抢劫、人身伤害事件

违禁物品排查方法包括：

①望：观察旅客携带的物品是否为大件物品、深色塑料袋袋装物品或桶装、瓶装物品等，此外，观察旅客神情是否紧张或伪装镇定，行为表现是否异常。

②闻：是否有刺激性气味、芳香味、氨味等异味。

③问：发现可疑情形时，主动询问旅客携带的是何物品，同时注意礼貌用语，避免与乘客发生言语或肢体冲突。

（三）出车前安全告知

班车客运和旅游客运驾驶员在发车前，应口头或者通过播放宣传片对旅客进行安全告知。安全告知的主要内容包括：

①客运公司名称、客车号牌、驾驶员及乘务员姓名和监督举报电话。

②客运车辆核定载客人数、行驶线路、经批准的停靠站点、中途休息站点。

③法律法规规定事项，如禁止旅客携带或客运车辆装运的危险品，禁止超载、超速、疲劳驾驶，连续驾驶时间不超过4小时；禁止在高速公路上和未经批准的站点上下客；禁止携带危险品进站上车；禁止改变线路行驶；禁止关闭、屏蔽卫星定位信号；禁止客车22时至凌晨6时途经三级以下山区公路达不到夜间安全通行条件的路段；卧铺客车凌晨2时至5时停车休息等。

④车辆安全出口及应急出口逃生、安全带和安全锤的使用方法。

（四）出车前安全承诺

发车前，驾驶员要结合安全告知向乘客进行"面对面"的安全承诺。承诺在驾驶过程中做到：

①不超速，严格按照道路限速要求行驶；

②不超员，车辆乘员不得超过核定载客人数；

③不疲劳驾驶，日间连续驾驶不超过 4 小时，夜间连续驾驶不超过 2 小时；

④不接打手机，在驾驶过程中保持注意力集中；

⑤不关闭动态监控系统，做到车辆运行实时在线；

⑥提醒乘客系好安全带，全程按要求佩戴使用；

⑦确保乘客生命安全，为旅途平安保驾护航。

（五）遵守"三不进站、六不出站"

班车客运应遵守"三不进站、六不出站"制度。

"三不进站"是指：

①易燃、易爆和易腐蚀等危险品不进站；

②无关人员不进站；

③无关车辆不进站。

"六不出站"是指：

①超员客车不出站；

②安全例行检查不合格客车不出站；

③驾驶员资质不符合要求不出站；

④客车证件不齐不出站；

⑤出站登记表未经审核签字不出站；

⑥旅客未系安全带不出站。

（六）客车出站检查

驾驶员应主动配合客运站进行出站检查。检查内容主要包括：

①检查出站客车报班手续是否完备，包括《安全例检合格通知单》、行驶证、道路运输证和客运标志牌等单证是否齐全、合格。

②检验每一名当班驾驶员持有的从业资格证、机动车驾驶证，受检驾驶员与报班的驾驶员应一致。

③清点客车载客人数，客车不得超员出站。

④检查装有安全带的客车旅客安全带系扣情况，客车出站时所有旅客应系好安全带。

（七）客运反恐防范

大客车和途经重要线路的营运客车可能会发生纵火、爆炸、劫持车辆、劫持人质等恐怖袭击事件，驾驶员须树立反恐防范意识，掌握基本的反恐防范知识，更好地保护自身和乘客的生命财产安全。

驾驶员可按以下要求保持常规安保工作措施：

①在营运客车车厢内醒目位置标示报警短信或电话号码；在车内装备必要的自卫器械，确保遇到侵害时，驾驶员能有效应对。

②出车前，驾驶员要确认车载灭火器、安全锤、应急照明、安全出口、卫星定位装置和视频监控等设施设备完好有效，车底无异常附着物。收车后，驾驶员应对车内行李架、座椅和行李舱等进行检查，如发现可疑遗留物品，注意保护现场，不得擅自处理，立即报告安保部门或公安机关。

③进站时，驾驶员应主动接受客运站安保工作部门的登记、证件查验和安全检查，经同意后方可进入。

④发现乘客行李物品中夹带有枪支、弹药及其他疑似禁寄物品时,应立即向110报警。中途乘客下车提取行李时,驾驶员要陪同,记录乘客的下车时间、地点等信息。

⑤运输途中,驾驶员发现可疑情况或涉恐事件信息,应及时向110报警和向单位报告,配合公安机关开展调查。

相关处罚措施

根据《反恐怖主义法》第八十六条的规定,长途客运经营者、服务提供者未按规定对客户身份进行查验,或者对身份不明、拒绝身份查验的客户提供服务的,由主管部门处10万元以上50万元以下罚款,并对其直接负责的主管人员和其他直接责任人员处10万元以下罚款。

道路运输法律法规

运输安全责任大,法律法规须遵守;
监控系统做辅助,危险情形发警报;
驾驶超时隐患大,长途客运可接驳;
违法驾驶被记分,情况严重受刑罚。

三、道路运输法律法规

（一）道路运输动态监控管理规定

根据《道路运输车辆动态监督管理办法》的规定，用于公路营运的载客汽车，必须安装和使用具有行驶记录功能的卫星定位装置，并接入符合要求的监控平台。新购置的旅游客车、包车客车、三类以上班线客车，在出厂前应安装符合标准的卫星定位装置。

未按照要求安装卫星定位装置，或者已安装卫星定位装置但未能在联网联控系统正常显示的车辆，不予发放或者审验《道路运输证》。

新出厂车辆安装的卫星定位装置，任何单位和个人不得随意拆卸。任何单位和个人不得破坏卫星定位装置以及恶意人为干扰、屏蔽卫星定位装置信号，不得篡改卫星定位装置数据。

道路运输经营者应当确保卫星定位装置正常使用，保持车辆运行实时在线。卫星定位装置出现故障不能保持在线的道路运输车辆，道路运输经营者不得安排其从事道路运输经营活动。

小知识
未规范使用卫星定位装置的处罚措施

道路运输经营者使用卫星定位装置出现故障不能保持在线的运输车辆从事经营活动的，由县级以上道路运输管理机构责令改正。拒不改正的，处800元罚款。

破坏卫星定位装置以及恶意人为干扰、屏蔽卫星定位装置信号的，或者伪造、篡改、删除车辆动态监控数据的，由县级以上道路运输管理机构责令改正，处2000元以上5000元以下罚款。发生两次及以上上述行为的，取消相应营运资质和从业资格。

发生道路交通事故且具有上述违规情形的，依法追究相关人员的责任；构成犯罪的，依法追究刑事责任。

三、道路运输法律法规

（二）防止疲劳驾驶相关规定

《国务院关于加强道路交通安全工作的意见》规定，客运驾驶员白天连续驾驶 4 小时、夜间（晚 22 时至凌晨 5 时）连续驾驶 2 小时，应停车休息不少于 20 分钟。

客运驾驶员（包括接驳驾驶员）在 24 小时内驾驶时间累计不得超过 8 小时（特殊情况下可延长 2 小时，但每月延长的总时间不超过 36 小时）。

从事高速公路单程运行 600 公里以上、其他公路单程运行 400 公里以上的客运任务时，应提前做好行车计划，与随车的其他驾驶员安排轮换休息时间，避免疲劳驾驶。

驾驶员从事单程运行 800 公里以上的长途班车客运任务时，应合理制订行车计划，尽量减少夜间运行时间，在凌晨 2 时至 5 时应停止运行。采用接驳运输方式的，应按照规定做到停车换人、落地休息。

（三）长途客运接驳运输相关规定

长途客运接驳运输主要有"换驾不换车"、"换驾也换车"两种模式。接驳运输车辆要在车内右侧前挡风玻璃放置《长途客运接驳运输车辆标识》，安装具有驾驶员身份识别功能和行驶记录功能的卫星定位车载视频终端。当班驾驶员和接驳驾驶员应遵守以下规定：

①发车前，当班驾驶员要领取、填写并随车携带《长途客运接驳运输行车单》。

②当班驾驶员和接驳驾驶员应严格遵守国家关于客车驾驶时间和行驶速度的规定，接驳时间尽可能安排在23时至凌晨2时之间。

③车辆到达指定的接驳点后，当班驾驶员和接驳驾驶

三、道路运输法律法规

员交接车辆相关证件，填写《长途客运接驳运输行车单》，并由接驳点管理人员签字、盖章。

④在运输任务结束后，当班驾驶员要及时将《长途客运接驳运输行车单》上交道路客运企业留存备查。

（四）违法行为刑事处罚相关规定

2015年8月29日，第十二届全国人民代表大会常务委员会第十六次会议通过了《刑法修正案（九）》，其中，包含了行车安全、驾驶证使用等刑事处罚规定。

(1) 交通肇事罪或危险驾驶罪。

驾驶员违反交通运输管理法规，发生重大事故致人重伤、死亡或者使公私财产遭受重大损失的，处3年以下有期徒刑或者拘役；交通运输肇事后逃逸或者有其他特别恶劣情节的，处3年以上7年以下有期徒刑；因逃逸致人死亡的，处7年以上有期徒刑。

在道路上驾驶机动车，有下列情形之一的，处拘役，并处罚金，同时构成其他犯罪的，依照处罚较重的规定定罪处罚：

①追逐竞驶，情节恶劣的；

②醉酒驾驶机动车的；

③从事校车业务或者旅客运输，严重超过额定乘员载客，或者严重超过规定时速行驶的；

④违反危险化学品安全管理规定运输危险化学品，危及公共安全的。

(2)危险物品肇事罪。

违反爆炸性、易燃性、放射性、毒害性、腐蚀性物品的管理规定,在生产、储存、运输、使用中发生重大事故,造成严重后果的,处3年以下有期徒刑或者拘役;后果特别严重的,处3年以上7年以下有期徒刑。

(3)重大责任事故罪。

在生产、作业中违反有关安全管理的规定,因而发生重大伤亡事故或者造成其他严重后果的,处3年以下有期徒刑或者拘役;情节特别恶劣的,处3年以上7年以下有期徒刑。

(4)伪造、变造、买卖证件罪。

伪造、变造、买卖驾驶证的,处3年以下有期徒刑、拘役、管制或者剥夺政治权利,并处罚金;情节严重的,处3年以上7年以下有期徒刑,并处罚金。

在依照国家规定应当提供身份证明的活动中,使用伪造、变造的或者盗用他人的驾驶证,情节严重的,处拘役或者管制,并处或者单处罚金。同时构成其他犯罪的,依照处罚较重的规定定罪处罚。

（五）违法经营行为处罚相关规定

驾驶员从事道路运输经营活动，违反《道路运输条例》、《道路旅客运输及客运站管理规定》、《道路运输从业人员管理规定》等法规规定时，道路运输管理机构将责令其停止经营或改正，并按有关规定进行处罚。

违法经营行为	处罚措施
使用失效、伪造、变造的从业资格证件，驾驶道路客货运输车辆的	道路运输管理机构责令改正，处200元以上2000元以下罚款；构成犯罪的，依法追究刑事责任
取得道路运输经营许可的经营者使用无道路运输证件、无效道路运输证件或者超出道路运输证件标明的经营范围的车辆，从事道路运输经营活动的	道路运输管理机构责令改正，处以3000元以上1万元以下罚款
道路运输经营者不按照规定携带道路运输证件的	道路运输管理机构责令改正，处警告或者20元以上200元以下的罚款
不符合规定条件的人员驾驶道路运输经营车辆或者超越从业资格证件核定范围驾驶道路客货运输车辆的	道路运输管理机构责令改正，处200元以上2000元以下罚款；构成犯罪的，依法追究刑事责任
客运车辆未按照规定使用标志牌，不按批准的客运站点停靠或者不按规定的线路、公布的班次行驶的	道路运输管理机构责令改正，处1000元以上3000元以下罚款；情节严重的，由原许可机关吊销道路运输经营许可证或者吊销相应的经营范围

（六）重大交通违法行为记分相关规定

2016年1月，公安部修改了《机动车驾驶证申领和使用规定》（公安部令第139号），并于2016年4月1日起施行。其中，规定机动车驾驶人有下列违法行为之一的，一次记12分：

①驾驶与准驾车型不符的机动车的；

②饮酒后驾驶机动车的；

③驾驶营运客车（不包括公共汽车）、校车载人超过核定人数20%以上的；

④造成交通事故后逃逸，尚不构成犯罪的；

⑤上道路行驶的机动车未悬挂机动车号牌的，或者故意遮挡、污损、不按规定安装机动车号牌的；

⑥使用伪造、变造的机动车号牌、行驶证、驾驶证、校车标牌或者使用其他机动车号牌、行驶证的；

⑦驾驶机动车在高速公路上倒车、逆行、穿越中央分隔带掉头的；

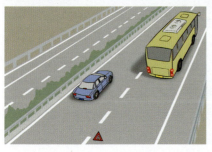

⑧驾驶营运客车在高速公路车道内停车的；

⑨驾驶中型以上载客载货汽车、校车、危险物品运输车辆在

高速公路、城市快速路上行驶超过规定时速 20% 以上或者在高速公路、城市快速路以外的道路上行驶超过规定时速 50% 以上,以及驾驶其他机动车行驶超过规定时速 50% 以上的;

⑩连续驾驶中型以上载客汽车、危险物品运输车辆超过 4 小时未停车休息或者停车休息时间少于 20 分钟的;

⑪未取得校车驾驶资格驾驶校车的。